BEI GRIN MACHT SICH IHR
WISSEN BEZAHLT

- Wir veröffentlichen Ihre Hausarbeit,
  Bachelor- und Masterarbeit

- Ihr eigenes eBook und Buch -
  weltweit in allen wichtigen Shops

- Verdienen Sie an jedem Verkauf

Jetzt bei www.GRIN.com hochladen
und kostenlos publizieren

Bibliografische Information der Deutschen Nationalbibliothek:

Die Deutsche Bibliothek verzeichnet diese Publikation in der Deutschen National-
bibliografie; detaillierte bibliografische Daten sind im Internet über http://dnb.d-
nb.de/ abrufbar.

Impressum:

Copyright © 2012 GRIN Verlag, Open Publishing GmbH
Druck und Bindung: Books on Demand GmbH, Norderstedt Germany
ISBN: 9783668374959

Dieses Buch bei GRIN:

http://www.grin.com/de/e-book/350989/das-kaisertum-karls-des-grossen-die-kaiser-
kroenung-und-ihre-quellen

Kevin Witte

Das Kaisertum Karls des Großen. Die Kaiserkrönung und ihre Quellen

GRIN Verlag

GRIN - Your knowledge has value

Der GRIN Verlag publiziert seit 1998 wissenschaftliche Arbeiten von Studenten, Hochschullehrern und anderen Akademikern als eBook und gedrucktes Buch. Die Verlagswebsite www.grin.com ist die ideale Plattform zur Veröffentlichung von Hausarbeiten, Abschlussarbeiten, wissenschaftlichen Aufsätzen, Dissertationen und Fachbüchern.

Westfälische Wilhelms-Universität Münster
Historisches Seminar
Proseminar: Auswertige Beziehungen und Kulturpolitik unter Karl dem Großen
Wintersemester 2011/2012

Ausarbeitung zum Referat:
„Das Kaisertum Karls des Großen"
vom 11.01.2012

07.02.2012

Inhaltsverzeichnis

I. Die Kaiserkrönung und ihre Quellen

Dass die Kaiserkrönung Karls des Großen am 1. Weihnachtsfeiertag einen wichtigen Moment und vielleicht sogar Meilenstein der mittelalterlichen Geschichte darstellt ist Konsens unter den Historikern. Ebenso `einig` ist man sich darüber, dass eben keine einheitliche Darstellung und Interpretation der Geschehnisse und Motive dieses Moments erstellt werden können.

Diese Problematik basiert auf der vorliegenden Quellenlage. Die Illustrationen der Kaiserkrönung in den Hauptbezugsquellen divergieren voneinander, so dass eine „einheitliche Collage"[1] der Geschehnisse aus den Einzelinformationen der Quellen nicht erstellt werden könne. Man müsse sich bei der Beschäftigung mit diesem Ereignis auf die Primärquellen konzentrieren.[2]

Im Folgenden möchte ich nun aufzeigen, welcher Art diese Unterschiede sind, wobei ich dies nur kurz an Hand ihres Inhalts beleuchten werde um mich dann vor allem der Frage zu widmen warum diese Unterschiede bestehen, wobei ich mich insbesondere an den Ergebnissen Janet L. Nelsons orientieren werde um dann ein Fazit aus der Beschäftigung mit ihrem Ansatz zu ziehen.

Die wichtigsten Quellen, die man heranziehen sollte, wenn man sich mit der Kaiserkrönung Karls des Großen beschäftigt, sind das liber pontificalis, die Reichsannalen, die Lorscher Annalen und die Vita Karoli Magni.

Betrachtet man die Lorscher Annalen, so sind sie besonders interessant, da das Erhaltene eine Kopie einer, zwischen 794 und 803 entstandene Vorlage ist, womit sie der Bericht sind, welcher „dem Ereignis der Krönung zeitlich am nächsten steht".[3]

Formulierungsauffälligkeiten dieser Quelle sind insbesondere, dass es keinen Hinweis auf eine spezielle Rolle der Römer bei der Akklamation Karls zum Kaiser gibt. Es wird nur ein Bezug zum „gesamten christlichen Volk dargestellt"[4]. Außerdem werden weniger die Geschehnisse in der St. Peterskirche geschildert, als vielmehr eine Erklärung der Kaiserkrönung gegeben. Als Legitimation der Würde werden die Vakanz des Kaiserthrons und der Besitz von Rom, Italien, Germanien und Gallien, die mit der Machtausbreitung altrömischer Kaiser übereinstimmen würden genannt[5]. Man konzentrierte sich hier also mehr auf eine argumentative Begründung der Annahme der Kaiserwürde.

---

[1] Nelson, Janet L. S.42
[2] Hägermann, Dieter S.420
[3] Nelson, Janet L. S.43
[4] MGH: SS [1]: Annales et chronica aevi Carolini, hrsg. von G.H.Petz, S.38
[5] et quia iam tunccessabat ad parte Graecorum nomen imperatoris, et femineum imperium apud se abebant [...] qui ipsam Romam tenebat, ubi semper Caesaras sedere soliti erant, seu reliquas sedes quas ipse per Italiam seu

Im Liber Pontificalis finde man eine besondere Hervorhebung der Rolle des römischen Volkes, da es vor allem für die Gesamtheit der Kurie erstellt worden sei und daher keine rein päpstlich-politische Linie verfolgt habe.[6] Bei der Schilderung der Krönung wird betont, dass Karl durch die Akklamation der gläubigen Römer zum *augustus* wird, während die Krönung durch Papst Leo verhältnismäßig kurz erwähnt wird.[7]

Die Annales regni Francorum, ein herrschertreues in der Hofkapelle Karls verfasstes Annalenwerk, fällt im Vergleich dadurch auf, dass es schon die Ankunft Karls in Rom erwähnt und ihm bereits vor der Krönung zukommende Ehren beschreibt. Des Weiteren finden sich nur hier die wörtliche Erwähnung einer Krönung (*coronam*), die Titeländerung von *patricius* in *augustus* und *imperator*, sowie die Anbetung Karls durch den Papst (adoratus).[8]

Zuletzt sei auch noch die Vita Karoli Magni erwähnt, die von Einhard, einem Schützling (*nutritus*) und Vertrauten Karls ca. 25 Jahre nach dessen Tod geschrieben wurde. Die Kaiserkrönung wird hier als *pontificis consilium*[9] dargestellt und Karl soll laut Einhart von eben diesem Plan nichts gewusst haben und später ausgesagt haben, dass er die Kirche nicht betreten hätte, wenn er von diesem Plan gewusst hätte.

Vergleicht man nun die Quellen und ihre auffälligsten Unterschiede, so kann man feststellen, dass diese wohl auf mehreren Gegebenheiten basieren.

Erstens wären da die unterschiedlichen Zeitpunkte, zu denen die Quellen verfasst wurden. Bei Einhard finden manche Aspekte der Kaiserkrönung in der Vita keine Erwähnung mehr wie die Salbung von Karls ältestem Sohn, da sie nicht relevant waren für den Verlauf der Geschichte (Karls Sohn starb früh).

Zweitens erkennt man differierende Schwerpunkte die auch mit den unterschiedlichen Quellengattungen und deren Adressaten zusammenhängen.

Die Lorscher Annalen waren mehr an der Argumentation interessiert, als an prunkvollen Ausschmückungen der Geschehnisse, da sie eben sehr zeitnah als eine Art Nachrichtendienst etwa für die höfische Elite dienen konnten und dabei vor allem versuchten politisch zu

---

Galliam nec non et Germaniam tenebat (MGH: SS [1]: Annales et chronica aevi Carolini, S.38, hrsg. von G.H.Petz)

[6] Nelson, Janet L. S.

[7] Nelson, Janet L. S.

[8] *ipsa die sacratissima natalis domini, cum rex ad missam ante confessionem beati petri apostoli ab oratione surgeret, Leo papam **coronam** capiti eius imposuit [...] Et post laudes ab apostolico more antiquorum principum **adoratus** est atque ablato patricii nominee **imperator et augustus** est appelatus*(MGH: SS rer. Germ. [6]: Annales regni Francorum inde a. 741 usque ad 829, qui dicuntur Annales Laurissenses maiores et Einhardi, hrsg. von G.H.Petz, S. 111)

[9] MGH: SS rer. Germ. [25]: Einhardi Vita Karoli Magni, hrsg. von G.H.Petz, S.32

legitimieren und zu erklären was im Reich geschah. Dagegen sieht Einhart seine Aufgabe darin den bereits verstorbenen Kaiser in seiner Biographie als idealen Herrscher darzustellen, wobei er sich besonders an altrömischen Viten und den darin enthaltenen Herrscheridealen orientierte. Weiterhin wollte der Hof Karls sicher nicht die Bedeutung des Papstes vorgehalten bekommen, sondern die Macht seines eigenen Königs sehen und die Ehrung die diesem zuteil wurde. In Rom dagegen wollte man wahrscheinlich sein eigenes Volk und dessen Rolle im Weltgeschehen hervorheben, besonders in einer Schrift, die auch für die Nachwelt bestimmt war.

Ich komme also zu dem Schluss, dass mehrere Faktoren zu den divergierenden Darstellungen geführt haben müssen und jede Quelle für sich damit niemals als „richtig" oder exakter gesehen werden kann, da alle Quellen nur individuelle und subjektive Brechungen der wahren Geschehnisse darstellen.

II. Die Kapitularien

Was waren die Kapitularien?

Nach Ganshof: Kapitularien sind Erlasse der Staatsgewalt, deren Text in Artikel (capitula, Namensgebung) eingeteilt war, und derer sich mehrere karolingische Herrscher bedient haben, um Maßnahmen der Gesetzgebung und Verwaltung bekannt zu machen und umzusetzen. Oberflächlich betrachtet könnte man sagen, dass die Kapitularien in Artikel unterteilte Satzungen waren, die von den Karolingerherrschern ausgingen.[10] [11] [12]

Kapitularien lassen sich auf die Karolingerzeit datieren, genauer auf den Zeitraum zwischen 754 und 877, ob es bereits welche zu Merowingerzeiten gab ist umstritten. Es finden sich in diesen Jahren keine Regelmäßigkeiten was die gesetzgeberische Tätigkeit mit Kapitularien angeht, es fehlt eine feste Kontinuität. Die Ersten lassen sich bei den Hausmeiern Karlmann und Pippin (ca. 742) finden, diese betrafen aber größtenteils die Kirchenreform. Ihre Hoch-Zeit hatten die Kapitularien unter Karl dem Großen und Ludwig dem Frommen von 802-830.[13]

Die zeitgenössische Gültigkeit der Kapitularien, also die Sicherstellung der rechtlichen Umsetzung, stand im Zusammenhang mit der Autorität und Macht des jeweiligen Königs. Obgleich an der eigentlichen Ausarbeitung auch Berater oder allgemein Teilnehmer einer Reichsversammlung auf der Kapitularien beschlossen wurden beteiligt waren, wurde die wirkliche Rechtsgültigkeit durch die Macht des Königtums erreicht, laut Ganshof. Aktuellere Forschungen sehen da den Schwerpunkt dass der Adel zur Kooperation bereit sein musste. Ein Beispiel auf das ich nicht näher eingehen möchte, nur in der Form als dass ich es nenne um die Debatte der Forschung über Kapitularien und ihre Zusammenhänge aufzuzeigen.[141516]

Viele Aspekte im Zusammenhang mit den Kapitularien sind bisher nur lückenhaft erforscht, etwa genaue Datierungen die sich als schwierig erweisen, genauso wie die Überlieferungslage, es mangelt an kritischen Untersuchungen der erhaltenen Handschriften die im Zusammenhang mit den Kapitularien stehen.[1718] Eine weitere Problematik besteht bei der Form und Überlieferung

---

10 Vgl.: Schmitt, Johannes: Untersuchungen zu den Liberi Homines der Karolingerzeit, Frankfurt/M. 1977. S. 49.
11 Vgl.: Mordrek, Hubert: Studien zur fränkischen Herrschergesetzgebung: Aufsätze über Kapitularien und Kapitulariensammlungen - ausgewählt zum 60. Geburtstag/Hubert Mordrek. Frankfurt am Main; Berlin; Bern; Bruxelles; New York; Oxford; Wien 2000.S.56.
12 Vgl.: Mordrek, Hubert: Kapitularien in: Lexikon des Mittelalters: Hiera-Mittel bis Lukanien, Bd. 5, München, 2003, S. 943-946.
13 Vgl.: Müller-Mertens, Eckhard: Karl der Grosse, Ludwig der Fromme und die Freien. Wer waren die liberi homines der karolingischen Kapitularien (742/743-832)?, Berlin 1963.S.43.
14 Vgl.: Mordrek S. 50.
15 Vgl.: Schmitt S. 45.
16 Vgl.: Mordrek, Hubert: Kapitularien in: Lexikon des Mittelalters: Hiera-Mittel bis Lukanien, Bd. 5, München, 2003, S. 943-946.
17 Vgl.: Schmitt S. 48.
18 Vgl.: Müller-Mertens S. 40.

der Kapitularien. Kontinuität in der Ausführung sucht man vergebens, Form und Inhalt unterscheiden sich im Laufe der Zeitspanne ihrer Verwendung stark, selbst unter dem gleichen Herrscher findet sich keine einheitliche Ordnung in der Form. Auch die Analyse einzelner Kapitularien für sich betrachtet fällt schwer, denn nicht selten waren keine Protokolle oder Eschatokolle in den Abschriften der Kapitularien oder in Sammlungen vorhanden. Kapitularien selbst enthielten teilweise nicht einmal eine Datierung oder den Namen des jeweiligen Herrschers. Das ist zurück zu führen auf die Tatsache dass zum einen in der Regel die Hofkapelle einen Kapitular-Entwurf ausstellte und der Herrscher oder die Beteiligten des Hofes eigene Ideen noch beimischten, zum anderen konnten die Gesetzesentwürfe recht formlos gehalten werden. Solange der Herrscher über ein angemessenes Maß an Macht besaß reichte häufig das königliche Siegel schon aus.[19] Allerdings kann man davon ausgehen dass die Kapitularien teilweise nur mäßig akzeptiert wurden, fällt doch auf dass es immer wieder zur wiederholten Erwähnung von Vorschriften der Kapitularien kam.[20]

Vergleich der Treueeide

Nach der Kaiserkrönung am 25. Dezember 800 erlaubte es die erfolgte Sicherung des bisher militärisch erreichten, stärker in der Innenpolitik des Reiches tätig zu werden.[21] Auch Karls neue Position als Kaiser trug dazu bei, dass er mit einem Gesichtspunkt an die Aufgabe der Rechtsprechung herantrat. In seiner erhöhten Position kümmerte er sich nun mehr um die Rechtsicherheit seines ihm untertänigen christlichen Volkes. Im letzten Jahrzehnt seiner Herrschaft war Karl gesetzgeberisch am aktivsten tätig.[22] [23] Auch das Bestreben die Volksrechte schriftlich zu fixieren lässt darauf schließen dass er insbesondere nach Annahme seines Kaisertums darum bemüht war innenpolitische Sicherheit zu erlangen und das Reich zu festigen.[24] [25] Bei den Volksrechten der Franken, Friesen, Sachsen und Thüringer nahm er eine Überarbeitung vor und ließ sie schriftlich fixieren. Ebenso ergänzte er auch bestehende Rechte mithilfe der Kapitularien.[26] Die Reorganisation der Heerespflicht nach 805 kann auch als innenpolitische Maßnahme gesehen werden, ordnete er damit doch an wer den Heeresdienst wie zu leisten habe.[27] Auch gegen Ende seines Lebens war er noch um Veränderungen im Innern

19Vgl.: Mordrek S. 29f.
20Vgl.: Mordrek, Hubert: Kapitularien in: Lexikon des Mittelalters: Hiera-Mittel bis Lukanien, Bd. 5, München, 2003, S. 943-946.
21Vgl.: Mordrek S. 16.
22Vgl.: Mordrek S. 19.
23Vgl.: Becher, Matthias: Karl der Große, 5. Aufl., München 2007. S. 93.
24Vgl.: Hägermann, Dieter: Karl der Große. Herrscher des Abendlandes, 2. Aufl., Berlin-München Mai 2000.S. 470.
25Vgl.: Hägermann S. 448f.
26Vgl.: Becher S. 93f.
27Vgl.: Becher S. 100.

bemüht, er ordnete für 813 gleich fünf Synoden an.[28] Als weitere Maßnahme nach der Kaiserkrönung ließ er die neu eroberten Gebiete auch in Grafschaften unterteilen. [29]

Das "capitulare missorum generale" (Auch Kaiserkapitular genannt) forderte einen erneuten Treueeid, nun jedoch auf den Kaisertitel, was eine neue Dimension im Vergleich zu dem älteren Eid von 789 eröffnete.[30] Diese beiden Eide aus der Zeit vor der Kasierkrönung und aus der Zeit kurz nach jener sind ein prädestiniertes Beispiel für die Untersuchung unter der Fragestellung in wie weit sich Karls Selbstverständnis als Herrscher geändert hat, oder haben könnte.

Die Treueeide gehören deswegen zur Thematik der Kapitularien, da sie im Rahmen dieser verkündet wurden und ihren rechtlichen Charakter bekommen haben. Der ständige Kampf zwischen Herrscher und Adel erforderte eine gesicherte Position und über die Treueeide versuchte Karl diese zu erlangen. Darüber hinaus sei festgehalten dass eine allgemeine Vereidigung der gesamten freien Reichsbevölkerung auf den Herrscher neu war, so etwas hatte es zuvor - etwa bei den Merowingern - nicht gegeben.[31]

Der Anlass für den ersten Treueeid von 789 waren Aufstände von Adeligen im Jahre 786. Ein umfassendes Thema was ich hier nicht näher behandeln möchte, wichtig ist nur festzuhalten dass die Aufrührer versucht hatten sich mit der Entschuldigung zu entlasten, sie hätten dem König keine Treue geschworen. Rückwirkend lies Karl dies Nachholen und bestrafte sie. Der zeitliche Abstand von 3 Jahren lässt sich darin begründen, dass der Adel überzeugt werden musste Eide neu zu leisten, war es doch neuartig und mehr als ungewöhnlich, leistete man Eide bisher nur bei der Königserhebung oder längerem Zusammentreffen mit dem Herrscher.[32]

Der zweite Treueeid von 802 fand seinen Anlass in der Erhebung Karls zum Kaiser, dies wurde ausdrücklich als Anlass für die erneute Vereidigung genannt - bereits ein Hinweis auf ein verändertes Verständnis.

Vergleich man die Formulierungen der Formulare kann man einige Aspekte herausstellen.[33] 789 bezeichnet sich Karl in dem Treueformular das an das Kapitular angehangen ist als rex. Wichtiger Aspekt ist auch, dass seine Söhne ebenso den Treueschwur empfingen, es wird vermutet dass dies dazu diente die Erbfolge zu sichern. Allgemein fanden sich bei den Ausführungen noch, dass der Schwur für das ganze Leben des Schwörenden galt, daneben war der zu leistende Treueschwur zwar an Karl gerichtet, doch musste er ihn nicht selbst entgegen

---

28 Vgl.: Becher S. 106.
29 Vgl.: Becher S. 94.
30 Vgl.: Mordrek S. 16.
31 Vgl.: Becher, Matthias: Eid und Herrschaft. Untersuchungen zum Herrscherethos Karls des Großen, Sigmaringen 1993 (= Vorträge und Forschungen Sonderband 39).S. 15f.
32 Vgl.: Becher. S. 78f.
33 Vgl.: Becher. S. 90.

nehmen, sondern dies wurde in den Aufgabenbereich der missi (Königsboten) eingeordnet. 802 wechselte der Terminus von rex zu imperator - logischerweise lässt sich das auf die Erhebung Karls zum Kaiser zurückführen, wichtiger ist aber daran auch noch dass dieser Umstand ausdrücklich als Grund für die erneute Vereidigung genannt wurde. Die Söhne finden im Formular von 802 keine Erwähnung mehr, es lässt sich damit erklären, dass sie auf der Stufe von Königen verblieben, während Karl die Vereidigung ausdrücklich auf den Kaisertitel vornahm.[34]

Was hinzukommt ist aber, dass man sich auf Gott berief und auch auf Reliquien- dies findet man im 789er Formular nicht. Karl fordert hier eine Anerkennung seiner Herrschaft mithilfe einer Berufung auf Gott und Heilige, die symbolisch dadurch natürlich hinter ihm stehen und dem Eid mehr Nachdruck verleihen.[35] Zuletzt ist ein bedeutender weiterer Punkt der Versuch einen neuen Treuebegriff durchzusetzen. Während er schon 789 Anklang fand, wollte Karl 802 das Verhältnis zwischen Untertanen und Herrscher neu definieren - es reichte nun nicht mehr nur keine Feinde in das Reich zu bringen oder das Leben des Herrschers zu bedrohen - so wurden 802 von Karl noch umfassendere Ausführungen über die Auswirkungen hinzugefügt, es lässt sich eine Entwicklung im Herrschaftsethos von Karl feststellen. Treueeide waren für ihn ein Herrschaftsinstrument [36] mit welchen er nun von seinem Volk fordert nach Gottes Geboten zu leben, seinen Befehlen zu gehorchen und die Schutzherrschaft von ihm über Schwache und die Kirche anzuerkennen.[37]

Fazit

Zusammenfassend beim Vergleich der beiden Treueeide kann man aufzeigen dass sich sehr wohl ein verändertes Verständnis vorfindet - seine Söhne werden nicht genannt, er sieht seinen Kaisertitel also höher an als den von Königen, auf welchem Status diese sich noch befinden. Wichtigster Punkt ist jedoch: Die Kaiserkrönung und Erhebung wird als Grund heran gezogen für einen erneuten Treueschwur, dass der alte Schwur auf den Königstitel nicht ausreicht und ein neuer nötig ist hebt die erhöhte Auffassung seiner selbst hervor. Nach der Kaiserkrönung betont er auch sehr stark die Verbindung zwischen Gott und Herrschaft, dass Herrschertum wird als durch ihn verliehen angesehen. Diese erhöhte Art der Legitimation verwendet er auch für seine gesetzgeberisch sehr aktive Tätigkeit nach 800, er nutzt sein Kaisertum dazu um innenpolitische Vorstellungen umzusetzen und das fränkische Reich im Inneren zu festigen. Im Endeffekt findet

---

34 Vgl.: Becher. S. 120.
35 Vgl.: Becher. S. 191.
36 Vgl.: Becher. S. 212f.
37 Becher, Matthias: Karl der Große, 5. Aufl., München 2007. S. 89.

sich also keine komplette Zäsur der Herrschaftsausübung Karls nach der Kaiserkrönung. Viel mehr findet sich nur ein stärkerer Fokus auf die Innenpolitik und die Begründung der Legitimität ihrer Umsetzung.

III. Die Pfalz in Aachen

Aachen ist wohl die bekannteste Pfalz, die mit Karl dem Großen in Verbindung gebracht wird. Da Aachen bald nach der Kaiserkrönung Karls des Großen im Jahr 800 in Rom zu seiner ständigen Residenz wurde und nicht mehr nur als Winterquartier genutzt wurde, ist Aachen auch die bedeutendste und wichtigste Pfalz der Karolingerzeit. Aachen war allerdings nicht immer Karls Machtzentrum. Der Aufstieg Aachens zu einem dauerhaften Kaisersitz wurde durch den Brand in Worms 791, der die Wormser Pfalz unbenutzbar machte, begünstigt.[38] In der Tradition Karls des Großen wurden in der Aachener Marienkirche, der Pfalzkapelle die deutschen Könige gekrönt.

Baugeschichte

Der Baufortschritt der Aachener Pfalz lässt sich nur schwer Datieren, da außer einem Brief Alkuins an Karl den Großen[39], keine Dokumente überliefert sind. In der älteren Forschung wurde ein Baubeginn in den 790er Jahren angenommen, was jüngere Forschungen jedoch weitestgehend widerlegt haben, sodass der Baubeginn in den 770er-780er Jahren anzusetzen ist.[40] Der o. g. Brief erwähnt Marmorsäulen, die in der Pfalzkapelle aufgestellt wurden. Aufgrund dieser Säulen lässt sich schließen, dass der Bau der Kapelle zu dieser Zeit bereits weit fortgeschritten war. Dieser erwähnte Marmor stammt aus Norditalien, wo das architektonische Vorbild Aachens steht: Ravenna, die Hauptstadt des Ostgotenreiches.[41] Ravenna diente in vielerlei Hinsicht als Ideengeber für Karls Pfalz, insbesondere in Bezug auf Verzierungen und prunkvolle Ausschmückungen.[42] Bereits 786/87 lies Karl Material aus Ravenna anliefern, was ein weiteres Indiz für einen Baubeginn vor 790 ist.[43]

Des Weiteren ließ Karl alle Schätze des Reiches nach Aachen bringen und errichtete hier somit die größte Schatzkammer des Reiches.[44]

---

38 Vgl.: Hägermann, Dieter: Karl der Große. Herrscher des Abendlandes. Berlin München 2000. S. 286.
39 MGH Epp. 4, S. 244.
40 Vgl.: Binding, Günther: Deutsche Königspfalzen. Von Karl dem Großen bis Friedrich II. (765-1240), Darmstadt 1996. S. 96.
41 Vgl.: Hartmann, Wilfried: Karl der Große, Stuttgart 2010. S. 119.
42 Vgl.: Binding. S. 74f.
43 Vgl.: Hartmann. S. 119.
44 Vgl.: Binding. S. 74. MGH SS I, S. 303.

Wirkungsgeschichte

Zwar begründet Einhard in seiner Vita über Karl den Großen, dass die Wahl auf Aachen aufgrund persönlicher Vorlieben des Kaisers fiel[45], insbesondere wegen der heißen Quellen, jedoch wird dies nicht der wichtigste und keinesfalls der einzige Grund für Karl den Großen gewesen sein, Aachen zu einer Art Hauptpfalz des Fränkischen Reiches auszubauen.

Aachen wurde bereits 768 von Karl besucht, als er zum ersten Mal den Winter dort verbrachte[46] und die wichtigsten Feste des Christentums – Weihnachten und Ostern – dort feierte. Nach diesem Winteraufenthalt in Aachen ist fast zwei Jahrzehnte kein Besuch Karls in Aachen überliefert. Allerding verbrachte Karl dann seit 796 nahezu jeden Winter in Aachen[47] und residierte ab 804 die letzten zehn Jahre seines Lebens fast ausschließlich in Aachen. Hier starb Karl 814 und wurde im Atrium der Pfalz beerdigt.

Aufbau der Pfalz

Die Pfalz bestand zur Zeit Karls des Großen aus einer Pfalzkapelle, einem Atrium und der Königshalle. Dies waren im Mittelalter die Gebäude, die einen „repräsentativen Aufenthalt"[48] des Herrschers gestatteten. Desweitern waren Kapelle und Königshalle zunächst mit einem hölzernen, nach dem Umbau des Atriums mit einem zweigeschossigen, steinernen Gang verbunden.[49] Dieser Gang verband ebenfalls die privaten Räumlichkeiten des Kaisers mit der Empore der Pfalzkapelle, was die herausragende Stellung des Herrschers unterstreicht.

Aufgrund der einheitlichen Struktur der Bauwerke der Aachener Kaiserpfalz wird von einer einheitlichen Bauplanung und –ausführung ausgegangen.[50] Somit müssen die einzelnen Bauabschnitte in kurzer Zeit aufeinander gefolgt haben, wobei ein Zeitrahmen nicht zu nennen ist. Hier sei auf das vorgenannte Problem der Datierung hingewiesen.

Fazit

Im Hinblick auf die nächsten Jahre, insbesondere den 1200. Todestag Karls des Großen 2014, ist mit der Veröffentlichung neuester Forschungsergebnisse zu rechnen. Dazu laufen u. a. Projekte, die das Problem der Datierung auflösen wollen[51] um eine bessere historische Einordnung zu ermöglichen.

45Vgl.: Hägermann. S. 286.
46Vgl.: Binding. S. 73.
47Zur Zeit der Sachsenkriege 797 war Karl an der Weser und im Winter 8o0/8o1 war er zur Kaiserkrönung in Rom.
48Hägermann. S. 285.
49Vgl.: Knapp, Ulrich: Stätten deutscher Kaiser und Könige im Mittelalter. Darmstadt 2008.
50Binding. S. 97.
51 Arbeitsgruppe Archäologie und digitale Medien: Die Aachener Pfalzanlage wird systematisch erforscht. Online (08.01.2012): http://archäologie-online.de/magazin/nachrichten/view/die.aachener-pfalzanlage-wird-systematisch-erforscht-19265.

Auch wenn die Entscheidung pro Aachen als Kaiserresidenz aufgrund von persönlichen Vorlieben gefallen sein soll[52], sollten doch zu vorderst der politische Nutzen, die architektonischen Vorbilder Byzanz und Ravenna sowie die imperialistische Baupolitik Karls untersucht werden. Im Hinblick auf diese Aspekte wird sich die Seminararbeit weitergehend damit beschäftigen.

IV. Nachfolgeregelung

Warum musste Karl der Große seine ursprüngliche Nachfolge ändern und wie änderte er sie?

Karl der Große regelte 806 seine Nachfolge in der *Divisio regnorum* Die *Divisio regnorum* wurde am 6. Februar 806 auf dem Reichstag in Diedenhofen beschlossen. Sie ist entstanden nach dem Vorbild des fränkischen Erbrechts, in dem die Teilung des Reiches unter allen Königssöhnen vorgesehen war. Zur Unterstützung hatte Karl der Große vornehme Franken um sich geschart. Sie erarbeiteten gemeinsam die Testamentsurkunde *Divisio regnorum*. Das eigentliche Frankenreich sollte ungeteilt erhalten bleiben und ein großes aquitanisch-burgundisches Reich (Ludwig), sowie ein ähnlich bedeutendes italisch-bayrisches Reich (Pippin) ausgegliedert werden.[53]

In der *Divisio regnorum* hielt Karl der Große fest wie sein Reich geteilt werden sollte. Sie sah eine Dreiteilung des Gesamtreiches der Franken unter seinen drei Söhnen Karl, Pippin und Ludwig, vor. In den Kapitularien eins bis fünf wurde geregelt wie die Teilung und die Abgrenzung des Reiches aussehen sollen. Die Kapitularien sechs bis zwanzig hatten die Sicherung des Friedens als Inhalt.

Karl der Jüngere sollte den gesamten Kernraum von der Loire bis an den Rhein und die neu erworben Gebiete bis an die Elbe und die Donau erhalten.

Pippin von Italien, sollte vermehrt Gebiete um Bayern und das südliche Alemanien, sowie die Teile Italiens, die er bereits regierte, erhalten.

Für Ludwig war Aquitanien, Septimanien, die Provence und Teile Burgunds vorgesehen. Man sieht, dass Karl der Jüngere der Haupterbe sein sollte, er bekam den karolingischen Familiensitz in Austrien, die alten Königsgüter in Neustrien und sollte in den Bereichen die Klöster und Kirchen ganz allein übernehmen. Alle drei erhielten Grenzregionen, sodass die Gefahr durch

---

52 So Einhard in der Vita Karoli Magni. Einhard: Vita Karoli Magni, c. 22, ed. Wolfgang Milde, Graz 1991.
53 VÖLSE,Hans –Joachim:Der große historische Weltatlas ,S 90-98.

11

mögliche äußere Feinde gleich verteilt war. Weil für Karl der Schutz der Kirche Vorrang hatte, erhielten alle Söhne Teile von den Alpenübergängen, um nach Rom gelangen zu können.[54]

Da der Schutz der Kirche für Karl den Großen wichtig war, wurde nach der Ausfertigung die Urkunde Papst Leo überbracht, damit dieser mit seiner eigenhändigen Unterschrift die Zustimmung gab. Der Adel stimmte auch zu und wurde vereidigt.[55]

Für den Fall, dass seine Söhne früh sterben würden, wurde ebenfalls etwas geregelt. Wenn einer starb sollte das seinige Reich gleichmäßig wieder geteilt werden, Karl legte mögliche Grenzlinien für diese Fälle fest.

Die *Divisio regnorum* gilt als eine der wichtigsten politischen Entscheidungen, die Karl der Große, nach seiner Kaiserkrönung am 25. Dezember 800, getroffen hat Dieser gleicht einem Grundgesetz und verfügt, dass nach dem Ableben des Herrschers das Reich unter dessen Söhnen aufgeteilt wird, so wie es auch bei den Franken und anderen germanischen Stämmen üblich war.

Jedoch wurde Karl der Große erst 812 vom byzantinischen Kaiser anerkannt. Vorher hatte er auch noch keinen ernannt, der ihn als Kaiser folgen sollte.

Jedoch war Karl der Jüngere 811 gestorben und Pippin von Italien schon 810. Nur Ludwig war übrig geblieben. Im September 813 setzte er ihn als Mitkaiser ein, ohne den Papst an dem Akt zu beteiligen. Nach einem gemeinsamen Gebet in der Aachener Pfalzkapelle und einer längeren Ermahnung, er solle sich gut um seine Schwestern, seine Verwandten, seinen Halbbrüdern sorgen, sollte er sich selbst zum Kaiser krönen. Karl hatte ein Jahr zuvor seine Enkel Bernhard, den Sohn von Pippin von Italien entgegen den Bestimmungen der *diviso regnorum* zum Nachfolge seines Vaters im ehemaligen Langobardenreich bestimmt. Bernhard wurde König von Italien.[56]

811 verfasste Karl der Große sein Testament. Sein Eigentum teilte er in drei Teile, von dem zwei in 21 Teile gesplittet wurde - die Zahl der Metropolen seines Landes. Das übrige Drittel aber sollte bis zu seinem Hinscheiden für den Unterhalt des Kaiser bleiben. Am Ende sollten auch die Gebrauchsgegenstände hinzukommen. Dieses Drittel sollte in vier Teile geteilt werden. Ein Viertel sollte den Metropolen zugute kommen. Das zweite Viertel sollte an seine Söhne und

---

[54] BECHER,Matthias:Karl der Große,München 2007,S.112-116.
[55] HILSCH,Peter:Das Mittelalter.Die Epoche,Konstanz 2006.
[56] HILSCH,Peter:Das Mittelalter.Die Epoche Konstanz,2006

Töchter, sowie an deren Söhne und Töchter fallen und von diesen gerecht aufgeteilt werden. Das dritte Viertel war für die Armen bestimmt. Das letzte Viertel sollte für die im Palast lebenden Mägde und Knechte sein. Seine Bücher sollten verkauft werden und der Erlös für die Armen sein.[57]

Bevor Karl der Große ein zweites Testament erstellen konnte, starb er am 28. Januar 814 72jährig in Aachen. Am gleichen Tag wurde er im Atrium der Aachener Marienkirche beigesetzt.[58]

Fazit:

Die Divisio regnorum konnte nicht in Kraft treten, da nachdem Karl der Große 812 vom byzantinischen Herrscher als Kaiser anerkannt wurde, zwei seiner drei Söhne schon tot waren. Nur Ludwig war übrig geblieben und wurde so zum neuen Kaiser. Nur Karls erstes Testament, welches fertig gestellt worden war, trat in Kraft, Sein Reich wurde so nicht mehr aufgeteilt, sondern bekam ein neuen Kaiser.

---

[57] BECHER,Matthias:Karl der Große ‚München 2007 ‚S.116-118.
[58] EINHARD:Vita Karoli Magni ‚hsrg. von Wolfang Milde.

Quellenverzeichnis

Einhard: Vita Karoli Magni, c. 22, ed. Wolfgang Milde, Graz 1991.

MGH Epp. 4, S. 244.

MGH: SS rer. Germ. [25]: Einhardi Vita Karoli Magni, hrsg. von G.H.Petz

MGH: SS [1]: Annales et chronica aevi Carolini, hrsg. von G.H.Petz

Literaturverzeichnis

Arbeitsgruppe Archäologie und digitale Medien: Die Aachener Pfalzanlage wird systematisch erforscht. Online (08.01.2012): http://archäologie-online.de/magazin/nachrischten/view/die.aachener-pfalzanlage-wird-systematisch-erforscht-19265.

Becher, Matthias: Eid und Herrschaft. Untersuchungen zum Herrscherethos Karls des Großen, Sigmaringen 1993 (= Vorträge und Forschungen Sonderband 39).

Becher, Matthias: Karl der Große, 5. Aufl., München 2007.

Binding, Günther: Deutsche Königspfalzen. Von Karl dem Großen bis Friedrich II. (765-1240), Darmstadt 1996.

Hartmann, Wilfried: Karl der Große, Stuttgart 2010.

Hägermann, Dieter: Karl der Große. Herrscher des Abendlandes. Berlin München 2000.

Hilsch, Peter: Das Mittelalter. Die Epoche, Konstanz, 2006.

Knapp, Ulrich: Stätten deutscher Kaiser und Könige im Mittelalter. Darmstadt 2008.

Mordrek, Hubert: Studien zur fränkischen Herrschergesetzgebung: Aufsätze über Kapitularien und Kapitulariensammlungen - ausgewählt zum 60. Geburtstag/Hubert Mordrek. Frankfurt am Main; Berlin; Bern; Bruxelles; New York; Oxford; Wien 2000.

Mordrek, Hubert: Kapitularien in: Lexikon des Mittelalters: Hiera-Mittel bis Lukanien, Bd. 5, München, 2003, S. 943-946.

Müller-Mertens, Eckhard: Karl der Grosse, Ludwig der Fromme und die Freien. Wer waren die liberi homines der karolingischen Kapitularien (742/743-832)?, Berlin 1963.

Nelson, Janet L.: Warum es so viele Versionen von der Kaiserkrönung Karls des Großen gibt, in: Die Macht des Königs. Herrschaft in Europa vom Frühmittelalter bis in die Neuzeit, hrsg. von Bernhard Jussen, München 2005, S. 38-54

Schieffer, Rudolf: Die Karolinger,4.erw.Aufl.,Stuttgart 2006.

Schmitt, Johannes: Untersuchungen zu den Liberi Homines der Karolingerzeit, Frankfurt/M. 1977.

Völse, Hans –Joachim: Der große historische Weltatlas ‚S 90-98.